MEZZE

Les en-cas méditerranéens

KÖNEMANN

Repas de mezze

L'arrivée des beaux jours suscite des envies de repas en plein air. Si le fidèle barbecue demeure une valeur sûre, vous pouvez également convier famille et amis à goûter de nouvelles saveurs.

QU'EST-CE QU'UN MEZZE ?

Couleurs et textures variées, typiques des pays méditerranéens, boissons fraîches, moments de détente entre amis à l'ombre du soleil ardent : tous les ingrédients sont réunis pour évoquer l'atmosphère qui préside à la dégustation des mezze. Davantage qu'une manière de se nourrir, c'est une expérience culinaire à part entière,

célébrant les saveurs ensoleillées en provenance de Grèce, de Turquie et du Moyen-Orient. En grec le mot signifie « bouchées savoureuses », destinées à éveiller l'appétit avant un repas. De plus en plus souvent, les plateaux de mezze constituent des repas complets à eux seuls. Aucune règle ne dicte la composition d'un plateau de mezze ; il suffit de laisser libre cours à sa fantaisie.

UNE CUISINE SAINE

La plupart des mets qui composent le plateau de mezze peuvent être préparés à l'avance, et servis froids, chauds ou tièdes. Ainsi, vous pouvez vous détendre pleinement avec vos convives tout en leur servant des délices aussi divers que kebabs, feuilles de vigne, salades de haricots, sauces et pains fantaisie, légumes marinés et fruits de mer.

De plus, les invités pourront se reservir sans crainte, car la cuisine méditerranéenne est très saine, se composant principalement de poisson, légumes, légumineuses et riz, la viande rouge et les produits laitiers étant secondaires. L'huile d'olive entre dans la préparation de presque tous les mets. Elle rehausse de sa note fruitée, mais discrète, la saveur des autres ingrédients. Mieux encore, elle ne contient pas de cholestérol, ce qui explique le faible taux de maladies cardiovasculaires dans les pays méditerranéens.

UNE EXPÉRIENCE CULINAIRE À PART ENTIÈRE

Les mezze ne se limitent pas à de simples en-cas. Soupes, salades et pains permettent de composer des repas complets et agréables. Si vous souhaitez servir des mezze en repas principal pour quatre personnes, prévoyez (à titre indicatif) deux recettes par personne (soit huit plats différents au total), avec du pain à volonté. Selon la tradition, tous les mezze sont servis en même temps, ce qui permet à chacun de sélectionner ce qui lui plaît, dans une ambiance détendue, mais vous pouvez choisir une autre formule. Un retsina frais accompagne à merveille les riches saveurs du plateau de mezze. Ou bien vous pouvez préférer le goût anisé de l'ouzo. Servi allongé d'eau glacée, c'est une boisson à la fois délicieuse et authentique.

De gauche à droite : souvlakia ; salade grecque ; olives marinées à l'aneth, à l'ail et à l'orange ; taboulé ; feuilles de vigne végétariennes ; feta grecque.

Mezze

Vous n'aurez que l'embarras du choix parmi ces recettes appétissantes pour composer un plateau de mezze qui séduira et impressionnera vos convives.

Keftas d'agneau grillées

Préparation :
  20 minutes
  + 1 heure de trempage
Cuisson :
  10 minutes
Pour 8 personnes

400 g de viande d'agneau
  maigre, hachée
1 cuil. à soupe de persil
  plat, haché
1 cuil. à café de cumin en
  poudre
2 cuil. à soupe de
  coriandre fraîche, ciselée
1 pincée de cayenne
2 gousses d'ail, écrasées
1/2 cuil. à café de menthe
  séchée
185 g de yaourt grec

1. Faire tremper dans l'eau huit brochettes en bois de 15 cm de long 1 heure, pour éviter qu'elles brûlent pendant la cuisson.
2. Réunir dans un récipient l'agneau, le persil, le cumin, la coriandre, le poivre de cayenne, la moitié de l'ail et 1/2 cuil. à café de sel. Pétrir à la main quelques minutes pour obtenir un mélange homogène, qui se détache du récipient ; se laver les mains.
3. Diviser la préparation en 16 portions et façonner en forme de boulettes. Enfiler deux boulettes sur chaque brochette, en leur donnant une forme ovale de 4 à 5 cm de long.
4. Réunir dans un saladier la menthe, le yaourt et le reste d'ail. Saler et poivrer.
5. Faire chauffer la plaque légèrement huilée du barbecue ou allumer le gril à sa position maximale. Faire cuire les keftas 6 minutes, en les retournant une fois. Servir chaud avec la sauce au yaourt et à la menthe.

VALEUR NUTRITIONNELLE PAR KEFTA
Protéines 12 g ; lipides 2,5 g ; glucides 1 g ; fibres 0 g ; cholestérol 35 mg ; 325 kj (80 cal)

Keftas d'agneau grillées

Beignets de chou-fleur

Préparation :
15 minutes
+ 30 minutes de repos
Cuisson :
15 minutes
Pour 4 à 6 personnes

600 g de chou-fleur
55 g de farine de pois
  chiches
2 cuil. à café de cumin
  en poudre
1 cuil. à café de
  coriandre en poudre
1 cuil. à café de curcuma
  en poudre
1 pincée de cayenne
1 œuf, légèrement battu
1 jaune d'œuf
Huile, pour la friture

1. Détailler le chou-fleur en petits bouquets. Tamiser la farine et les épices dans un saladier, puis ajouter 1/2 cuil. à café de sel.
2. Fouetter légèrement dans un saladier 60 ml d'eau, l'œuf battu et le jaune d'œuf. Creuser un puits au milieu des ingrédients secs et verser la préparation aux œufs, en fouettant pour obtenir un mélange onctueux. Laisser reposer 30 minutes.
3. Remplir une casserole d'huile aux deux tiers et faire chauffer jusqu'à ce

qu'un morceau de pain dore en 15 secondes. Plonger les bouquets dans la pâte, en les tenant par la tige et en laissant tomber l'excédent de pâte dans le récipient. Faire frire 3 à 4 minutes en plusieurs fois, jusqu'à ce que les beignets soient gonflés et dorés. Égoutter, saler et servir chaud.

VALEUR NUTRITIONNELLE PAR PORTION DE 6
Protéines 5 g ; lipides 5 g ; glucides 7 g ; fibres 3 g ; cholestérol 60 mg ; 395 kj (95 cal)

Fleurs de courgettes farcies

Préparation :
1 heure 20 minutes
+ 1 heure de repos
Cuisson :
10 minutes
Pour 24 courgettes

185 g de farine
7 g de levure sèche ou
  15 g de fraîche
24 courgettes avec les
  fleurs
50 g de kefalotyri
  (fromage de brebis sec)
20 g de filets d'anchois
Huile, pour la friture

1. Tamiser la farine et 1/4 de cuil. à café de sel dans un récipient, puis creuser un puits au

milieu. Délayer la levure avec 315 ml d'eau chaude, dans un récipient, en fouettant, puis verser dans le puits. Mélanger avec le fouet pour obtenir une pâte épaisse et collante. Couvrir de film fraîcheur, puis laisser reposer 1 heure dans un endroit chaud, jusqu'à ce que la pâte devienne mousseuse. Ne pas remuer.
2. Ouvrir délicatement les fleurs de courgettes pour enlever l'étamine, au centre. Laver et égoutter. Couper le fromage en cubes de 1 cm. Égoutter les filets d'anchois, couper en morceaux de 1,5 cm.
3. Introduire un cube de fromage et un morceau d'anchois au centre de chaque fleur. Refermer les pétales autour. Remplir une poêle d'huile aux deux tiers et faire chauffer jusqu'à ce qu'un morceau de pain dore en 15 secondes. Plonger les fleurs dans la pâte, en les tournant pour bien les enrober et en laissant tomber l'excédent. Faire frire 1 à 2 minutes, jusqu'à ce qu'elles soient légèrement dorées. Égoutter. Servir chaud.

VALEUR NUTRITIONNELLE PAR PORTION
Protéines 2 g ; lipides 1,5 g ; glucides 5,5 g ; fibres 0,5 g ; cholestérol 2,5 mg ; 195 kj (45 cal)

Beignets de chou-fleur (en haut)
et fleurs de courgettes farcies

Feuilles de vigne végétariennes

Préparation :
1 heure
+ refroidissement
Cuisson :
1 heure 5 minutes
Pour 20 à 25 feuilles de vigne

125 ml d'huile d'olive
6 oignons nouveaux, hachés
150 g de riz à longs grains
15 g de menthe fraîche, hachée
2 cuil. à soupe d'aneth frais, ciselé
170 ml de jus de citron
35 g de raisins de Corinthe
40 g de pignons de pin
240 g de feuilles de vigne (environ 50), conservées dans la saumure
2 cuil. à soupe d'huile d'olive, en supplément

1. Faire revenir les oignons 1 minute à feu moyen dans de l'huile chaude, dans une poêle. Ajouter le riz, la menthe, l'aneth, la moitié du jus de citron ; assaisonner. Verser 250 ml d'eau et porter à ébullition, puis réduire le feu, couvrir et faire mijoter 20 minutes. Retirer le couvercle pour incorporer les raisins secs et les pignons, couvrir avec un torchon, puis avec le couvercle, et laisser refroidir.
2. Rincer les feuilles de vigne sous l'eau, les séparer délicatement. Égoutter, puis les laisser sécher sur du papier absorbant. Couper les grosses tiges avec des ciseaux. Couvrir le fond d'une poêle de 20 cm de diamètre (munie d'un couvercle) avec des feuilles déchirées ou déformées. Réserver les grandes feuilles pour être fourrées et les petites pour boucher les trous.
3. Étaler les feuilles, le côté brillant en dessous. Déposer une cuil. à soupe de garniture au centre, replier les côtés par-dessus et enrouler fermement à partir de la tige. Ranger en une seule couche dans la poêle, en serrant bien, le pli en dessous.
4. Verser le reste de jus de citron, le supplément d'huile et 185 ml d'eau, de manière à couvrir les feuilles de vigne. Poser une assiette retournée, pour appuyer dessus, mettre le couvercle.
5. Porter à ébullition, puis réduire le feu et laisser frémir 45 minutes. Laisser refroidir dans la poêle. Servir à température ambiante.

VALEUR NUTRITIONNELLE PAR FEUILLE DE VIGNE GARNIE
Protéines 1,5 g ; lipides 7,5 g ; glucides 5,5 g ; fibres 0 g ; cholestérol 0 mg ; 380 kj (90 cal)

Note : les feuilles de vigne (dolmas) se conservent 2 semaines au réfrigérateur, dans le liquide de cuisson.

Feuilles de vigne végétariennes

Couvrir le fond de la poêle avec les feuilles déchirées ou abîmées.

Couper les tiges épaisses des feuilles de vigne avec des ciseaux de cuisine.

Replier les côtés des feuilles, enrouler à partir de l'extrémité de la tige.

Serrer les feuilles de vigne dans la poêle, le pli en dessous, sur une couche.

Gratin d'aubergine

Préparation :
40 minutes
+ 30 minutes de repos
Cuisson :
1 heure 20 minutes
Pour 6 personnes

6 petites aubergines
80 ml d'huile d'olive
2 oignons, coupés en deux
et émincés
2 gousses d'ail, écrasées
1 tomate mûre, finement
concassée
1 cuil. à soupe de persil
plat, finement ciselé
1 cuil. à café d'aneth frais,
ciselé
1/4 de cuil. à café de
cannelle en poudre
1 cuil. à café de paprika
1/4 de cuil. à café de sucre
2 cuil. à soupe de raisins
de Corinthe
1 tomate, coupée en deux,
pelée et râpée

1. Faire deux entailles
profondes dans la
longueur de chaque
aubergine, sans les couper
en deux complètement.
Les ouvrir et saler
généreusement. Laisser
dégorger 30 minutes dans
une passoire, puis rincer
et égoutter sur du papier
absorbant.
2. Chauffer la moitié de
l'huile dans une poêle,
faire revenir les oignons
20 minutes à feu doux,
jusqu'à ce qu'ils soient
tendres. Ajouter l'ail et
poursuivre la cuisson
5 minutes. Remonter le
feu à chaleur moyenne
avant d'incorporer la
tomate concassée, le
persil, l'aneth, la
cannelle, le paprika, le
sucre et les raisins secs.
Faire cuire 10 minutes,
jusqu'à obtention d'une
préparation épaisse et
pulpeuse. Goûter avant
d'assaisonner.
Préchauffer le four à
180 °C (thermostat 4).
3. Faire chauffer le reste
d'huile à feu moyen
dans une grande poêle
et faire rissoler les
aubergines 10 minutes,
jusqu'à ce que la peau
change de couleur et
que la chair devienne
tendre. Égoutter sur du
papier absorbant.
4. Ranger les aubergines
sur une seule couche
dans un plat à four. Les
remplir de garniture avec
une cuiller ou avec les
doigts. Déposer la
tomate râpée autour des
aubergines, couvrir et
faire cuire 20 minutes au
four. Découvrir et
poursuivre la cuisson
15 minutes. Servir chaud
ou à température
ambiante.

VALEUR NUTRITIONNELLE PAR
PORTION
*Protéines 2,5 g ; lipides
13 g ; glucides 6,5 g ; fibres
4 g ; cholestérol 0 mg ;
630 kj (150 cal)*

Pois chiches frits

Préparation :
30 minutes
+ 1 nuit de trempage
Cuisson :
15 minutes
Pour 5 personnes

285 g de pois chiches secs
Huile, pour la friture
1/2 cuil. à café de paprika
1/4 de cuil. à café
de cayenne

1. Faire tremper les pois
chiches toute une nuit
dans une grande quantité
d'eau froide. Égoutter.
2. Verser un tiers d'huile
dans une cocotte et laisser
chauffer jusqu'à ce qu'un
morceau de pain dore en
15 secondes. Faire frire la
moitié des pois chiches
3 minutes. Égoutter et
procéder de même avec
l'autre moitié. Couvrir en
partie la cocotte pour
éviter que les pois chiches
éclatent.
3. Faire frire de nouveau
les pois chiches
3 minutes, en plusieurs
fois, jusqu'à ce qu'ils
soient dorés, puis
égoutter. Mélanger le sel
et le poivre de cayenne
avec le paprika, avant
d'en saupoudrer les pois
chiches encore chauds.

VALEUR NUTRITIONNELLE PAR
PORTION
*Protéines 3,5 g ; lipides 5 g ;
glucides 7,5 g ; fibres 2,5 g ;
cholestérol 0 mg ; 375 kj
(90 cal)*

Gratin d'aubergine (en haut) et pois chiches frits

Champignons au vin rouge

Préparation :
15 minutes
+ 1 nuit de macération
Cuisson :
30 minutes
Pour 6 personnes

400 g de champignons de Paris
20 g de beurre
1 cuil. à soupe d'huile d'olive
4 petits oignons au vinaigre, coupés en quatre
1 feuille de laurier
125 ml de vin rouge
1 cuil. à soupe de jus de citron
1 cuil. à soupe d'aneth frais, ciselé
2 cuil. à soupe de coriandre fraîche, ciselée

1. Couper la queue des champignons et partager les chapeaux en deux.
2. Faire fondre le beurre avec l'huile, dans une grande poêle. Dès la formation d'une mousse, ajouter les oignons et remuer 2 minutes à feu moyen, pour les faire dorer. Incorporer les champignons. Laisser cuire 2 à 3 minutes, jusqu'à qu'ils commencent à dorer.
3. Ajouter la feuille de laurier, le vin et le jus de citron. Porter à ébullition, puis réduire à feu doux, couvrir et laisser frémir

25 minutes, jusqu'à ce que les champignons soient tendres. Retirer le laurier et incorporer l'aneth et la coriandre. Goûter avant d'assaisonner de sel et de poivre fraîchement moulu. Mettre dans un récipient hermétique et laisser macérer toute une nuit ou plus au réfrigérateur. Servir froid ou chaud.

VALEUR NUTRITIONNELLE PAR PORTION
Protéines 2,5 g ; lipides 3 g ; glucides 2,5 g ; fibres 2 g ; cholestérol 8,5 mg ; 260 kj (60 cal).

Beignets de courgettes

Préparation :
20 minutes
Cuisson :
15 minutes
Pour 16 beignets

2 courgettes moyennes, hachées
1 petit oignon, haché
30 g de farine avec levure incorporée
35 g de kefalotyri râpé
1 cuil. à soupe de menthe fraîche, ciselée
2 cuil. à café de persil frais, ciselé
1 pincée de noix muscade râpée
25 g de chapelure
1 œuf
Huile d'olive

1. Déposer les courgettes et l'oignon au centre d'un torchon propre, tordre en serrant fort pour extraire le jus. Réunir dans un grand saladier les courgettes, l'oignon, la farine, le fromage, la menthe, le persil, la noix muscade, la chapelure et l'œuf. Assaisonner de sel et de poivre fraîchement moulu, puis mélanger avec les mains pour former une boule compacte.
2. Chauffer l'huile dans une grande poêle, à feu moyen. Déposer des cuil. à soupe rases de préparation dans la poêle et laisser rissoler 2 à 3 minutes, en faisant dorer uniformément. Égoutter sur du papier absorbant avant de servir chaud. Ces beignets se consomment nature, saupoudrés de sel, ou accompagnés de tzatziki (voir p. 49).

VALEUR NUTRITIONNELLE PAR BEIGNET
Protéines 2,5 g ; lipides 2 g ; glucides 3 g ; fibres 0,5 g ; cholestérol 13 mg ; 165 kj (40 cal).

Note : le kefalotyri et le kefalograviera sont des fromages de brebis secs originaires de Grèce. Ils peuvent être remplacés par du parmesan ou du pecorino.

Champignons au vin rouge (en haut) et beignets de courgettes

Kibbeh

Avec les mains, façonner la préparation au boulgour en forme de saucisse.

Creuser une cavité avec l'index et régulariser la forme.

Kibbeh

Préparation :
45 minutes + 2 heures
de réfrigération
Cuisson :
25 minutes
Pour 15 kibbeh

235 g de boulgour fin
150 g d'agneau maigre,
haché
1 oignon, haché
2 cuil. à soupe de farine
1 cuil. à café de quatre-
épices

Garniture
2 cuil. à café d'huile
d'olive
1 oignon, finement haché
100 g d'agneau maigre,
haché
1/2 cuil. à café de quatre-
épices
1/2 cuil. à café de cannelle
en poudre
80 ml de bouillon de bœuf
2 cuil. à soupe de pignons
2 cuil. à soupe de menthe
fraîche, ciselée
Huile, pour la friture

1. Couvrir le boulgour d'eau bouillante et laisser reposer 5 minutes. Égoutter dans une passoire, en pressant bien pour extraire l'eau. Étaler sur des serviettes en papier.
2. Mélanger dans un mixeur le boulgour, l'agneau, l'oignon, la farine et le quatre-épices jusqu'à formation d'une pâte fine. Bien assaisonner, laisser 1 heure au réfrigérateur.
3. Chauffer l'huile dans une poêle, ajouter l'oignon et faire revenir 3 minutes à feu doux, jusqu'à ce qu'il soit tendre. Incorporer la viande, le quatre-épices, la cannelle, puis faire cuire 3 minutes à feu vif, en remuant. Verser le bouillon et poursuivre la cuisson, en couvrant partiellement, 6 minutes à feu doux, jusqu'à ce que la viande soit tendre. Hacher grossièrement les pignons et incorporer avec la menthe.

Assaisonner de sel et de poivre fraîchement moulu, mettre dans un saladier à refroidir.
4. Façonner 2 cuil. à soupe de préparation en forme de saucisse de 6 cm de long. Plonger les mains dans l'eau froide pour creuser une longue cavité au centre avec l'index, et régulariser la forme. Remplir avec 2 cuil. à café de garniture, puis refermer en forme d'ovale. Lisser la forme avec les doigts. Poser sur une plaque recouverte de papier aluminium, laisser 1 heure au réfrigérateur.
5. Verser un tiers d'huile dans une poêle et chauffer. Faire rissoler les kibbeh 2 à 3 minutes en plusieurs fois, jusqu'à ce qu'ils soient dorés. Égoutter sur du papier absorbant, servir chaud.

VALEUR NUTRITIONNELLE PAR KIBBEH
Protéines 4,5 g ; lipides 3 g ; glucides 10 g ; fibres 2 g ; cholestérol 6,5 mg ; 350 kj (85 cal).

Introduire 2 cuil. à café de garniture au milieu et fermer l'extrémité ouverte.

Façonner les kibbeh en forme de torpilles aux extrémités pointues.

Boulettes

Préparation :
25 minutes + 30 minutes
de réfrigération
Cuisson :
20 minutes
Pour environ
28 boulettes

115 g (4 tranches) de pain
de mie, sans croûte
150 g de porc haché
150 g de veau haché
1 cuil. à soupe de persil
plat, haché
1 cuil. à soupe de menthe
fraîche, ciselée
1 oignon, râpé
1/2 cuil. à café de cumin
en poudre
1 œuf
25 g de kefalotyri ou de
parmesan râpé
60 g de farine
Huile d'olive

1. Couvrir le pain d'eau dans un saladier, puis extraire le maximum d'eau. Mélanger dans un grand saladier avec la viande, le persil, la menthe, l'oignon, le cumin, l'œuf et le fromage, puis assaisonner. Pétrir à la main 2 à 3 minutes pour obtenir une préparation homogène. Couvrir et laisser 20 minutes au réfrigérateur.
2. Mettre la farine dans un plat. Avec les mains humides, façonner des cuillerées à soupe de préparation en forme de boulettes. Chauffer l'huile à feu moyen. Rouler les boulettes dans la farine, puis faire rissoler 3 à 5 minutes en plusieurs fois, jusqu'à ce que les boulettes soient dorées et cuites à point. Égoutter sur du papier absorbant avant de servir chaud.

VALEUR NUTRITIONNELLE PAR BOULETTE
Protéines 3,5 g ; lipides 2 g ; glucides 3,5 g ; fibres 0 g ; cholestérol 10 mg ; 195 kj (45 cal)

Moules Saganaki

Préparation :
45 minutes
Cuisson :
25 minutes
Pour 6 personnes

750 g de petites moules
125 ml de vin blanc sec
3 branches de thym frais
1 feuille de laurier
1 cuil. à soupe d'huile
d'olive
1 gros oignon, finement
haché
1 gousse d'ail, finement
hachée
420 g de tomates bien
mûres, pelées et écrasées
2 cuil. à soupe de
concentré de tomates
1/2 cuil. à café de sucre
1 cuil. à soupe de vinaigre
de vin rouge
70 g de feta, émiettée
1 cuil. à café de feuilles de
thym frais

1. Gratter les moules et ôter la barbe. Enlever les coquillages ouverts. Porter à ébullition le vin, le thym et le laurier dans une grande casserole, ajouter les moules et faire cuire 5 minutes. Filtrer le liquide des moules dans un récipient supportant la chaleur, et réserver. Jeter les moules fermées. Retirer une demi-coquille à chaque moule.
2. Chauffer l'huile dans une poêle, ajouter l'oignon, faire revenir 3 minutes à feu moyen. Incorporer l'ail et poursuivre la cuisson 1 minute. Verser le liquide des moules, augmenter le feu et laisser bouillir 2 minutes, jusqu'à ce qu'il soit réduit. Ajouter les tomates, le concentré de tomates et le sucre, réduire le feu et laisser mijoter 5 minutes. Verser le vinaigre, poursuivre la cuisson à feu doux 5 minutes.
3. Incorporer les moules et faire chauffer 1 minute à feu moyen. Décorer avec la feta émiettée et le thym avant de servir chaud.

VALEUR NUTRITIONNELLE PAR PORTION
Protéines 5 g ; lipides 9 g ; glucides 4 g ; fibres 1,5 g ; cholestérol 10 mg ; 891 kj (210 cal)

*Boulettes (en haut)
et moules Saganaki*

Falafel

Préparation :
20 minutes + 1 nuit de trempage + 2 heures de réfrigération
Cuisson :
15 minutes
Pour environ 16 falafels

250 g de pois chiches secs
4 oignons nouveaux, hachés
2 gousses d'ail, écrasées
15 g de persil plat, haché
15 g de menthe fraîche, ciselée
25 g de coriandre fraîche, ciselée
1/4 de cuil. à café de cayenne
2 cuil. à café de cumin en poudre
2 cuil. à café de coriandre en poudre
1/2 cuil. à café de levure chimique
Huile, pour la friture

1. Couvrir les pois chiches d'eau froide et laisser tremper toute une nuit. Égoutter soigneusement.
2. Réunir les pois chiches, les oignons, l'ail, le persil, la menthe, la coriandre fraîche et en poudre, le poivre de cayenne, le cumin, la levure chimique et 1 cuil. à café de sel. Hacher 30 à 40 secondes dans un mixeur, en plusieurs fois, jusqu'à ce que la préparation soit finement hachée et qu'elle forme une masse compacte. Laisser au moins 2 heures au réfrigérateur, sans couvrir.
3. Former des croquettes en façonnant 2 cuil. à soupe de préparation dans la paume de la main. Verser un tiers d'huile dans une poêle et chauffer jusqu'à ce qu'un morceau de pain dore en 15 secondes. Faire rissoler les falafels 3 à 4 minutes en plusieurs fois, jusqu'à ce qu'ils soient dorés. Égoutter sur du papier absorbant et servir chaud avec de l'houmous (voir p. 49).

VALEUR NUTRITIONNELLE PAR FALAFEL
Protéines 3 g ; lipides 3,5 g ; glucides 6 g ; fibres 2 g ; cholestérol 0 mg ; 265 kj (65 cal)

Labneh

Préparation :
20 minutes + 4 jours de réfrigération
Pour 12 labneh

500 g de yaourt grec
2 cuil. à café de gros sel
1 cuil. à soupe d'origan séché
2 cuil. à café de feuilles de thym séchées
1 feuille de laurier
350 ml d'huile d'olive

1. Plier en deux un morceau d'étamine de 60 cm x 30 cm pour obtenir un carré de 30 cm de côté.
2. Réunir dans un récipient le yaourt, le sel et 1 cuil. à café de poivre noir. Poser l'étamine dans le récipient, puis verser la préparation au centre. Rassembler les coins de l'étamine et serrer fort avec un morceau de ficelle, en formant une boucle à l'extrémité. Passer le manche d'une cuiller en bois dans la boule et laisser égoutter 3 jours au réfrigérateur au-dessus d'un bol.
3. Mélanger l'origan et le thym dans un saladier. Verser la moitié de l'huile dans un bocal de 500 ml et ajouter la feuille de laurier.
4. Façonner des cuil. à soupe rases de préparation en forme de boulettes. Rouler dans les herbes avant de plonger dans le bocal d'huile. Couvrir complètement les boulettes avec le reste d'huile, fermer et laisser au moins une journée au réfrigérateur. Servir à température ambiante.

VALEUR NUTRITIONNELLE PAR LABNEH
Protéines 2 g ; lipides 6 g ; glucides 2 g ; fibres 0 g ; cholestérol 3 mg ; 240 kj (57 cal)

Falafel (en haut) et Labneh

Salade de chorizo à la menthe

Préparation :
30 minutes
Cuisson :
25 minutes
Pour 6 personnes

5 chorizos
125 ml de vinaigre de vin rouge
3 cuil. à soupe de sucre en poudre
1 gros oignon rouge, finement émincé
1 cuil. à soupe de menthe fraîche, ciselée

1. Préchauffer le four à 180 °C (thermostat 4).
2. Piquer les chorizos avec une fourchette et faire griller 10 à 20 minutes au four, jusqu'à cuisson complète. Laisser refroidir.
3. Réunir le vinaigre et le sucre dans une grande casserole munie d'un couvercle. Remuer à feu doux jusqu'à dissolution du sucre. Ajouter l'oignon, couvrir, et poursuivre la cuisson à feu doux 2 minutes. Laisser refroidir hors du feu. Égoutter, en réservant 60 ml de liquide de cuisson.
4. Couper les chorizos en tranches, puis remuer dans un plat avec les oignons et la menthe. Servir chaud ou froid, arrosé du liquide réservé.

VALEUR NUTRITIONNELLE PAR PORTION
Protéines 8 g ; lipides 15 g ; glucides 5,5 g ; fibres 0,5 g ; cholestérol 40 mg ; 940 kj (225 cal)

Cailles grillées

Préparation :
40 minutes + 3 heures de réfrigération
Cuisson :
10 minutes
Pour 6 personnes

6 cailles
250 ml de vin rouge
2 branches de céleri, avec les feuilles, coupées en petits morceaux
1 carotte, émincée
1 petit oignon, haché
1 feuille de laurier, finement hachée
1 cuil. à café de quatre-épices
1 cuil. à café de thym séché
2 gousses d'ail, écrasées
2 cuil. à soupe d'huile d'olive
2 cuil. à soupe de jus de citron
1 citron, coupé en rondelles, pour servir

1. Découper les cailles sur un côté de la colonne vertébrale avec des ciseaux à volaille, puis jeter celle-ci. Retirer les entrailles, rincer l'intérieur et essuyer avec du papier absorbant. Poser les cailles sur le plan de travail, la poitrine sur le dessus, écarter et appuyer pour aplatir. Couper la poitrine en deux, puis de nouveau en deux, pour séparer la cuisse et le pilon, le blanc et les ailes.
2. Mettre dans un récipient le vin, le céleri, la carotte, l'oignon, le laurier et le quatre-épices. Ajouter les cailles, puis les enrober de préparation. Couvrir et laisser mariner 3 heures au réfrigérateur, en retournant les morceaux de temps en temps. Égoutter et saupoudrer de thym, sel et poivre.
3. Mélanger l'ail, l'huile et le jus de citron dans un petit bol, en fouettant.
4. Faire chauffer une plaque de barbecue légèrement huilée ou un gril en position maximale. Réduire en position moyenne, puis faire cuire le blanc 4 à 5 minutes de chaque côté, les autres morceaux 3 minutes de chaque côté, jusqu'à ce qu'ils soient tendres. Arroser fréquemment de préparation au citron, servir chaud avec du citron.

VALEUR NUTRITIONNELLE PAR PORTION
Protéines 7 g ; lipides 12,5 g ; glucides 2 g ; fibres 1 g ; cholestérol 0 mg ; 1150 kj (275 cal)

Salade de chorizo à la menthe (en haut) et cailles grillées

Laisser tremper la morue dans un récipient, couverte d'eau 8 à 12 h.

Lorsque le poisson est refroidi, retirer la peau et les arêtes.

Croquettes de morue à la skordalia

Préparation :
50 minutes + 8 à
12 heures de trempage
Cuisson :
55 minutes
Pour 24 croquettes

400 g de morue salée
300 g de pommes de terre
  farineuses, non pelées
1 petit oignon au vinaigre
  (25 g), finement haché
2 cuil. à soupe de persil
  plat, haché
1 œuf, légèrement battu
Huile, pour la friture

Skordalia
250 g de pommes de terre
  farineuses, non pelées
2 gousses d'ail, écrasées
1 cuil. à soupe de vinaigre
  de vin blanc
2 cuil. à soupe d'huile
  d'olive

1. Recouvrir d'eau la morue dans un grand récipient et laisser tremper 8 à 12 heures, en changeant l'eau trois fois, pour dessaler la morue. Égoutter sur du papier absorbant.
2. Pour préparer la skordalia, faire cuire les pommes de terre dans l'eau ou à la vapeur, jusqu'à ce qu'elles soient tendres, peler et écraser. Laisser refroidir, puis ajouter l'ail, le vinaigre et l'huile. Assaisonner de sel et de poivre fraîchement moulu, puis mélanger avec une fourchette. Réserver.
3. Mettre la morue dans une cocotte, couvrir d'eau, porter à ébullition et faire cuire 15 minutes. Égoutter soigneusement, puis laisser sécher sur du papier absorbant. Lorsqu'elle est froide, retirer la peau et les arêtes, émietter avec les doigts dans un saladier.

Pendant ce temps, faire cuire les pommes de terre à l'eau ou à la vapeur jusqu'à ce qu'elles soient tendres, peler et écraser.
4. Ajouter les pommes de terre avec la morue, l'oignon, le persil, l'œuf et 1/2 cuil. à café de poivre. Bien mélanger avec une cuiller en bois pour obtenir une préparation épaisse. Goûter avant de saler.
5. Remplir une poêle d'un tiers d'huile et chauffer jusqu'à ce qu'un morceau de pain dore en 15 secondes. Faire cuire des cuillerées à soupe rases de préparation 2 à 3 minutes dans l'huile, en plusieurs fois, jusqu'à ce que les croquettes soient dorées. Égoutter, avant de servir chaud avec la skordalia.

VALEUR NUTRITIONNELLE PAR CROQUETTE
Protéines 5 g ; lipides 4 g ; glucides 3,5 g ; fibres 1 g ; cholestérol 75 mg ; 365 kj (85 cal)

Croquettes de morue à la skordalia

Émietter la morue avec les doigts dans un saladier et réserver.

Plonger des cuil. rases de pâte dans l'huile chaude, faire dorer.

Feuilletés de poulet

Préparation :
1 heure 15 minutes
Cuisson :
1 heure 5 minutes
Pour une quarantaine de feuilletés

60 g de beurre
1 gros oignon, haché
2 gousses d'ail, écrasées
2 cuil. à soupe de farine
125 ml de bouillon de
   volaille
125 ml de lait
1 gros poulet rôti, émincé,
   sans la peau
25 g de parmesan, râpé
2 cuil. à café de thym frais
25 g de chapelure
2 œufs, légèrement battus
13 feuilles de pâte filo,
   coupées en trois
140 g de beurre, fondu

1. Faire revenir l'oignon 12 minutes à feu doux dans le beurre fondu, en remuant de temps en temps, jusqu'à ce qu'il soit tendre. Augmenter légèrement le feu et ajouter l'ail. Faire cuire 1 minute, en remuant, puis incorporer la farine et poursuivre la cuisson 1 minute en tournant. Verser le bouillon et le lait hors du feu, sans cesser de remuer, jusqu'à obtention d'un mélange homogène. Remettre sur le feu et porter à ébullition, en tournant sans arrêt jusqu'à ce que la sauce bouille et épaississe. Retirer du feu après 1 minute, pour ajouter le poulet, le parmesan, le thym, la chapelure, le sel et le poivre. Laisser refroidir, puis incorporer les œufs.
2. Préchauffer le four à 220 °C (thermostat 7). Graisser légèrement trois plaques de cuisson.
3. Poser un morceau de pâte filo sur le plan de travail, le petit côté vers soi (couvrir les autres morceaux avec un torchon humide). Humecter de beurre fondu, puis déposer une cuil. à soupe rase de préparation au poulet à la base. Replier les côtés, badigeonner de beurre sur la longueur et enrouler fermement pour former des rouleaux de 7 à 8 cm de longueur. Poser sur la plaque de cuisson et humecter le dessus de beurre. Procéder de même avec le reste de pâte, de beurre et de préparation au poulet.
4. Faire cuire 15 minutes en haut du four, jusqu'à ce que les rouleaux soient bien dorés. Servir chaud.

VALEUR NUTRITIONNELLE PAR FEUILLETÉ
Protéines 4 g ; lipides 5,5 g ; glucides 3 g ; fibres 0 g ; cholestérol 35 mg ; 355 kj (80 cal).

Romaines au vinaigre

Préparation :
20 minutes
+ refroidissement
Cuisson :
5 minutes
Pour 6 personnes

60 ml de vinaigre
   balsamique
60 ml d'huile d'olive
1 cuil. à café de cassonade
3 petites laitues romaines

1. Réunir dans un bol le vinaigre, l'huile et le sucre.
2. Retirer les feuilles extérieures des salades pour dégager le cœur. Rincer soigneusement à l'eau courante. Couper les cœurs en deux.
3. Plonger les cœurs de salade dans une casserole d'eau bouillante, légèrement salée, et laisser frémir 3 minutes, jusqu'à ce qu'ils soient tendres, mais restent intacts. Égoutter. Mettre dans un plat, arroser de vinaigre balsamique et laisser refroidir avant de servir.

VALEUR NUTRITIONNELLE PAR PORTION
Protéines 0 g ; lipides 10 g ; glucides 1 g ; fibres 0,5 g ; cholestérol 0 mg ; 380 kj (90 cal).

Feuilletés de poulet (en haut) et romaines au vinaigre

Borek à la tomate et à l'aubergine

Préparation :
50 minutes + 1 heure
de réfrigération
Cuisson :
1 heure
Pour 30 borek

75 g de beurre, fondu
80 ml d'huile d'olive
185 g de farine

Garniture
250 g de tomates
2 cuil. à café d'huile
d'olive
1 petit oignon, haché
1/2 cuil. à café de cumin
en poudre
300 g d'aubergines,
coupées en cubes de
2 cm
2 cuil. à café de concentré
de tomates
1 cuil. à soupe de
coriandre fraîche, ciselée
1 œuf, légèrement battu

1. Réunir le beurre, l'huile et 80 ml d'eau dans un récipient. Saler. Ajouter la farine peu à peu, en mélangeant avec une cuiller en bois, pour obtenir une pâte huileuse qui se détache des parois du récipient. Pétrir délicatement, couvrir de film fraîcheur et laisser 1 heure au réfrigérateur.
2. Parer les tomates et inciser une petite croix à la base. Ébouillanter 1 minute dans une casserole. Égoutter, plonger dans l'eau froide, puis peler. Couper les tomates en deux, presser au-dessus d'un bol pour ôter les graines, hacher la chair.
3. Chauffer l'huile dans une poêle, ajouter l'oignon et faire revenir 2 à 3 minutes à feu doux, jusqu'à ce qu'il soit tendre. Ajouter le cumin, poursuivre la cuisson 1 minute, puis incorporer l'aubergine et remuer 8 à 10 minutes, jusqu'à ce qu'elle ramollisse. Ajouter la tomate et le concentré. Faire cuire 15 minutes à feu moyen, jusqu'à ce que le liquide s'évapore, en tournant de temps en temps. Assaisonner et ajouter la coriandre, laisser refroidir.
4. Préchauffer le four à 180 °C (thermostat 4). Graisser légèrement deux plaques de cuisson.
5. Abaisser la moitié de la pâte à 2 mm d'épaisseur, sur une surface légèrement farinée. Découper des cercles dans la pâte avec un emporte-pièce de 8,5 cm de diamètre. Déposer 2 cuil. à café rases de préparation au centre de chaque cercle, mouiller légèrement les bords et replier sur la garniture, en chassant l'air. Souder les bords en appuyant dessus avec une fourchette pour dessiner des motifs. Poser sur les plaques de cuisson et badigeonner d'œuf battu. Faire cuire 25 minutes en haut du four, jusqu'à ce que les borek soient dorés et croustillants.

VALEUR NUTRITIONNELLE PAR BOREK
Protéines 1 g ; matières grasses 5 g ; glucides 5 g ; fibres 0,5 g ; cholestérol 12 mg ; 295 kj (70 cal)

Salade grecque

Préparation :
20 minutes
Pour 6 à 8 personnes

6 tomates, coupées en
petits morceaux
1 oignon rouge, émincé
2 concombres, émincés
185 g d'olives de
Kalamata
200 g de feta
125 ml d'huile d'olive
Origan sec, pour décorer

1. Mettre dans un saladier la tomate, l'oignon, le concombre et les olives, puis assaisonner.
2. Couper la feta en morceaux et répartir sur le dessus. Arroser d'huile d'olive et saupoudrer d'origan.

VALEUR NUTRITIONNELLE PAR PORTION
Protéines 6,5 g ; lipides 20 g ; glucides 4 g ; fibres 2,5 ; cholestérol 17 mg ; 980 kj (235 cal)

Borek à la tomate et à l'aubergine (en haut) ;
salade grecque

Tourte aux épinards

Préparation :
50 minutes + 1 heure
de réfrigération
Cuisson :
50 minutes
Pour 16 portions

250 g de farine
30 g de beurre, coupé en
  morceaux
60 ml d'huile d'olive
125 ml d'eau chaude

Garniture
420 g d'épinards frais
1 blanc de poireau, coupé
  en deux dans la longueur
  et finement émincé
1/4 de cuil. à café de noix
  muscade en poudre
2 cuil. à café d'aneth frais,
  ciselé
200 g de feta, émiettée
1 cuil. à soupe de
  chapelure
3 œufs, légèrement battus
2 cuil. à soupe d'huile
  d'olive

1. Graisser légèrement un moule de 28 cm x 18 cm x 3 cm.
2. Tamiser la farine dans un récipient et ajouter 1/2 cuil. à café de sel. Incorporer le beurre du bout des doigts, jusqu'à ce que la préparation ressemble à de la chapelure. Ajouter l'huile et mélanger en soulevant la préparation sur une main et en frottant légèrement le dessus avec l'autre main, de manière à obtenir une masse compacte. Creuser un puits au milieu et verser suffisamment d'eau pour que la pâte soit à la fois ferme et souple. Pétrir doucement pour rassembler la pâte, même si celle-ci n'est pas homogène. Couvrir de film fraîcheur et laisser 1 heure au réfrigérateur.
3. Couper les tiges des épinards. Laver et émincer les feuilles. Poser les épinards sur un torchon propre, tordre en serrant fort pour extraire le liquide. Mettre dans un récipient avec le poireau, la noix muscade, l'aneth, la feta, la chapelure et 1/2 cuil. à café de poivre fraîchement moulu.
4. Préchauffer le four à 220 °C (thermostat 7). Étaler un peu plus de la moitié de la pâte sur une surface légèrement farinée. En remplir le fond et les côtés du moule.
5. Ajouter les œufs et l'huile à la préparation aux épinards. Mélanger à la main, légèrement, pour éviter que la préparation devienne trop humide. Verser sur la pâte, dans le moule.
6. Étaler le reste de la pâte sur une surface farinée, de manière à couvrir le moule. Poser sur le moule et appuyer fermement sur les bords pour les souder.

Régulariser les bords en coupant l'excédent avec un couteau pointu, puis badigeonner le dessus d'huile d'olive. Délimiter trois bandes dans la longueur avec un couteau, puis tracer des diagonales pour former des losanges. Creuser deux ou trois petites fentes sur le dessus pour laisser la vapeur s'échapper.
7. Faire cuire la tourte 45 à 50 minutes au milieu du four, jusqu'à ce qu'elle soit bien dorée. Couvrir de papier aluminium, si elle commence à brûler. La tourte est cuite, si elle se détache des parois du moule lorsqu'on la secoue. Démouler sur une grille à pâtisserie et laisser refroidir 10 minutes, puis poser sur une planche à découper ou remettre dans le moule pour couper en losanges. Servir chaud ou froid.

VALEUR NUTRITIONNELLE PAR PORTION
Protéines 6 g ; lipides 12 g ; glucides 12 g ; fibres 1,5 g ; cholestérol 45 mg ; 735 kj (175 cal)

Note : la pâte est encore meilleure si elle est préparée la veille. Les taches blanches à la surface de la pâte correspondent à l'huile qui durcit en refroidissant.

Tourte aux épinards

Boulettes de viande à l'haloumi

Préparation :
25 minutes
+ 30 minutes de réfrigération
Cuisson :
10 minutes
Pour 12 boulettes

4 tranches (125 g) de pain de mie, sans la croûte
350 g d'agneau ou de bœuf haché
2 cuil. à café de persil plat, haché
1 cuil. à café 1/2 de menthe fraîche, ciselée
1 petit oignon, râpé
1 œuf, légèrement battu
70 g d'haloumi (fromage de brebis crémeux)
2 cuil. à soupe de farine
Huile d'olive, pour la friture

1. Mettre le pain dans un récipient, couvrir d'eau, puis extraire le maximum d'eau. Réunir dans un saladier le pain, la viande, le persil, la menthe, l'oignon, l'œuf, le poivre et 1/2 cuil. à café de sel. Pétrir à la main 2 à 3 minutes, en émiettant les gros morceaux de viande ou de pain avec les doigts. La préparation doit être homogène et se détacher des parois du récipient. Couvrir et laisser 30 minutes au réfrigérateur.

2. Découper l'haloumi en 12 morceaux rectangulaires de 3 cm x 1 cm x 1 cm. Mettre la farine dans un plat. Diviser la préparation à base de viande en portions équivalant à des cuil. à soupe rases. Donner aux portions une forme allongée et aplatir dans la paume de la main. Déposer le fromage au centre, puis couvrir avec une autre portion de viande. Pincer les extrémités pour les souder et façonner en forme d'ovale de 6 à 7 cm de long. Répéter l'opération.

3. Chauffer l'huile dans une poêle jusqu'à ce qu'un morceau de pain dore en 15 secondes. Rouler la moitié des boulettes dans la farine, en enlevant l'excédent, et faire rissoler 3 à 5 minutes, jusqu'à ce qu'elles soient dorées. Égoutter sur du papier absorbant, puis procéder de même avec le reste des boulettes. Servir chaud.

VALEUR NUTRITIONNELLE PAR BOULETTE
Protéines 9 g ; lipides 8,5 g ; glucides 6,5 g ; fibres 0,5 g ; cholestérol 50 mg ; 580 kj (140 cal)

Taboulé

Préparation :
10 minutes
+ 30 minutes de repos
Cuisson :
aucune
Pour 4 personnes

130 g de boulgour
2 tomates, concassées
4 oignons nouveaux, finement hachés
1 poivron jaune, finement haché
45 g de persil plat, haché
15 g de menthe fraîche, ciselée
60 ml d'huile d'olive
60 ml de jus de citron
1 gousse d'ail, écrasée

1. Couvrir le boulgour avec 185 ml d'eau bouillante. Laisser reposer 30 minutes, jusqu'à ce que l'eau soit absorbée et que les grains gonflent.

2. Réunir dans un saladier les tomates, les oignons, le poivron, le persil, la menthe et le boulgour, puis bien assaisonner.

3. Mélanger l'huile, le jus de citron et l'ail en fouettant. Verser sur la salade, remuer et servir froid.

VALEUR NUTRITIONNELLE PAR PORTION
Protéines 5 g ; lipides 15 g ; glucides 20 g ; fibres 7 g ; cholestérol 0 mg ; 1025 kj (245 cal)

Boulettes de viande à l'haloumi (en haut) et taboulé

Olives marinées

Pour assurer une bonne conservation des olives, stériliser le bocal en le rinçant avec de l'eau bouillante, puis laisser sécher soigneusement dans un four chaud. Servies à température ambiante, ces olives sont délicieuses.

CITRON, AIL ET THYM

Couper en quatre 8 rondelles de citron et mettre dans un récipient avec 1 cuil. à café 1/2 de feuilles de thym séchées, 2 gousses d'ail écrasées, 250 g d'olives de Kalamata et 250 g d'olives vertes. Remplir un bocal stérilisé de 1 litre, puis verser environ 440 ml d'huile d'olive, de manière à couvrir entièrement les olives. Fermer, garder au réfrigérateur 2 jours. Consommer dans un délai de 3 mois.

PIMENTS, HERBES ET CITRON

Mélanger 500 g d'olives noires dénoyautées avec 2 cuil. à café de zeste de citron finement râpé, 2 cuil. à café d'origan frais et 3 cuil. à café de piments séchés en flocons. Remplir un bocal stérilisé de 750 ml, muni d'un couvercle, puis couvrir d'huile d'olive. Fermer et garder au réfrigérateur au moins 2 jours. Consommer dans un délai de 3 mois.

ANETH, AIL ET ORANGE

Mélanger dans un saladier 500 g d'olives de Kalamata avec 3 cuil. à soupe d'aneth frais, grossièrement haché, 1 gousse d'ail écrasée, 4 fines rondelles d'orange coupées en huit et 2 feuilles de laurier. Remplir un bocal stérilisé de 1 litre, muni d'un couvercle, puis verser 440 ml d'huile d'olive, suffisamment pour recouvrir entièrement les olives. Fermer, garder au réfrigérateur 2 jours. Consommer dans un délai de 3 mois.

De gauche à droite : olives à la coriandre et à l'orange ; au piment, aux herbes et au citron ; au citron, à l'ail et au thym ; pickles d'olives ; à la mode sévillane ; aneth, ail et orange.

PICKLES D'OLIVES

Mélanger dans un saladier 200 g d'olives vertes, 4 cornichons coupés en rondelles épaisses, 1 cuil. à soupe de câpres, 2 oignons au vinaigre coupés en quatre, 2 cuil. à café de graines de moutarde et 1 cuil. à soupe d'aneth frais. Remplir un bocal stérilisé de 500 ml, muni d'un couvercle, puis ajouter 125 ml de vinaigre à l'estragon et 125 ml d'huile d'olive, pour couvrir entièrement les olives. Fermer, garder au réfrigérateur 2 jours et consommer dans un délai de 3 mois. Secouer le bocal de temps en temps.

À LA MODE SÉVILLANE

Mélanger dans un saladier 1 cuil. à soupe de feuilles de romarin frais, 1 cuil. à café de feuilles de thym séchées, 1 feuille de laurier en morceaux, 1 cuil. à café de graines de fenouil légèrement écrasées, 2 gousses d'ail écrasées, 3 filets d'anchois en morceaux et 500 g d'olives vertes farcies. Remplir un bocal stérilisé de 1 litre muni d'un couvercle, puis ajouter 125 ml de vinaigre à l'estragon et 185 ml d'huile d'olive, pour recouvrir entièrement les olives. Fermer, garder au réfrigérateur 2 jours et consommer dans les 3 mois. Secouer le bocal de temps en temps.

CORIANDRE ET ORANGE

Écraser légèrement 2 cuil. à café de graines de coriandre dans un mortier, avec un pilon. Les réunir dans un saladier avec 1 cuil. à café de graines de cumin et 2 cuil. à café de zeste d'orange râpé. Ajouter 500 g d'olives vertes et bien mélanger. Remplir un bocal stérilisé de 1 litre muni d'un couvercle, puis verser 440 ml d'huile d'olive, suffisamment pour recouvrir entièrement les olives. Fermer le bocal, garder au réfrigérateur 2 jours et consommer dans un délai de 3 mois.

Sardines au four

Préparation :
  30 minutes
Cuisson :
  20 minutes
Pour 6 personnes

6 sardines entières
60 ml d'huile d'olive
2 cuil. à soupe de jus de
  citron
1 petite gousse d'ail,
  hachée
1 cuil. à café 1/2 d'origan
  séché

1. Préchauffer le four à
210 °C (thermostat 6-7).
Gratter les sardines avec
un petit couteau, en
partant de la queue, pour
retirer les écailles sous
l'eau courante. Fendre le
ventre, couper la tête et
tirer doucement ; les
entrailles doivent se
détacher avec la tête.
Ouvrir l'intérieur, retirer
le reste des entrailles.
Égoutter et essuyer sur du
papier absorbant.
2. Poser les sardines en
une seule couche dans un
grand plat à four,
assaisonner avec du sel et
1/2 cuil. à café de poivre.
Arroser d'huile et de jus
de citron, saupoudrer d'ail
et d'origan sur chaque
côté pour bien enrober les
sardines. Faire cuire 15 à
20 minutes en haut du
four, à découvert, jusqu'à
ce que la chair commence
à se détacher de l'arête.
Servir chaud ou tiède.

VALEUR NUTRITIONNELLE PAR
PORTION
*Protéines 2,5 g ;
lipides 10 g ; glucides 0,5 g ;
fibres 0 g ; cholestérol
15 mg ; 115 kj (48 cal)*

Betteraves à la skordalia

Préparation :
  25 minutes
Cuisson :
  1 heure
Pour 6 à 8 personnes

Skordalia
250 g de pommes de terre
  farineuses, non pelées
2 gousses d'ail, écrasées
1 cuil. à soupe de vinaigre
  de vin blanc
2 cuil. à soupe d'huile
  d'olive

1 kg de betteraves, avec les
  feuilles
60 ml d'huile d'olive
1 cuil. à soupe de vinaigre
  de vin rouge

1. Faire cuire les pommes
de terre à l'eau ou à la
vapeur jusqu'à ce qu'elles
soient tendres, peler et
écraser. Laisser refroidir,
puis mélanger avec l'ail, le
vinaigre et l'huile. Saler et
poivrer selon votre goût.
2. Séparer les tiges et les
feuilles des bulbes de
betteraves, laisser des
tiges de 2 cm, et ôter les
parties abîmées des
feuilles.

Couper les feuilles et les
tiges en petits morceaux,
laver soigneusement.
3. Brosser les bulbes
pour retirer la terre.
Porter une grande
casserole d'eau à
ébullition, plonger les
bulbes non pelés et faire
cuire 20 à 40 minutes à
feu vif (selon la taille des
bulbes), jusqu'à ce qu'ils
soient mous lorsqu'on
les pique avec un
couteau pointu. Retirer
de la casserole avec une
écumoire et laisser tiédir.
4. Faire bouillir de
nouveau le liquide de
cuisson, en ajoutant, si
besoin, de l'eau. Ajouter
les feuilles et les tiges, puis
laisser frémir 8 minutes,
jusqu'à ce qu'elles soient
tendres. Retourner une
fois pendant la cuisson.
Égoutter.
5. Enfiler des gants en
caoutchouc pour peler
les bulbes. Couper en
deux, puis en rondelles
épaisses.
6. Dresser les feuilles et
les rondelles sur un plat
de service. Mélanger
l'huile, le vinaigre et
assaisonner. Arroser les
feuilles et les rondelles de
cette préparation, servir
la skordalia séparément.

VALEUR NUTRITIONNELLE PAR
PORTION (8)
*Protéines 3 g ; lipides 12 g ;
glucides 15 g ; fibres 4,5 g ;
cholestérol 0 mg ; 746 kj
(178 cal.)*

*Sardines au four (en haut)
et betteraves à la skordalia*

Foie d'agneau au citron

Préparation :
 15 minutes
Cuisson :
 10 minutes
Pour 6 à 8 personnes

500 g de foie d'agneau
30 g de farine
1/2 cuil. à café de paprika
2 cuil. à soupe d'huile
* d'olive*
2 cuil. à soupe de jus de
* citron*
1 cuil. à café d'origan

1. Laver le foie soigneusement et couper en tranches de 2 cm d'épaisseur.
2. Mettre dans un plat la farine et le paprika, assaisonner avec 1/2 cuil. à café de sel et de poivre fraîchement moulu. Faire chauffer l'huile dans une poêle à feu moyen. Plonger un tiers du foie dans la farine et faire dorer 1 minute sur chaque côté, jusqu'à ce que les morceaux soient croustillants et encore roses à l'intérieur. Égoutter sur du papier absorbant avant de poser sur un plat de service chaud. Procéder de même avec le reste de foie, en cuisant les morceaux en deux fois. Couvrir de papier aluminium pour garder au chaud.
3. Verser le jus de citron dans la poêle, hors du feu : il doit bouillonner dans la poêle chaude. Lorsque les bulles ont disparu, arroser le foie avec le fond de cuisson et saupoudrer d'origan. Servir chaud.

VALEUR NUTRITIONNELLE PAR PORTION
Protéines 15 g ;
lipides 9,5 g ; glucides 4,5 g ;
fibres 0 g ; cholestérol
270 mg ; 660 kj (160 cal)

Salade d'aubergine

Préparation :
 30 minutes + 1 heure
  de réfrigération
Cuisson :
 1 heure
 Pour 4 à 6 personnes

1 poivron rouge
1 grosse aubergine,
* coupée en quatre*
1/2 oignon rouge, en
* petits morceaux*
1 tomate moyenne,
* concassée*
1 cuil. à soupe de persil
* plat, haché*
1 petite gousse d'ail,
* écrasée*
3 cuil. à café d'huile
* d'olive*
1 cuil. à café de vinaigre
* de vin rouge*

1. Préchauffer le four à 200 °C (thermostat 6), recouvrir la plaque de cuisson de papier aluminium.
2. Couper le poivron en quatre, ôter les graines et la membrane. Poser l'aubergine et le poivron sur la plaque de cuisson, la peau au-dessus. Faire cuire 50 à 60 minutes au four, ou jusqu'à ce que la peau du poivron soit boursouflée, l'aubergine foncée et molle si on la pique avec un couteau pointu.
3. Laisser tiédir, puis peler délicatement le poivron et l'aubergine. Couper le poivron en fines lanières et détailler grossièrement l'aubergine. Réunir dans un saladier avec l'oignon, la tomate, le persil et l'ail. Fouetter l'huile et le vinaigre dans un petit bol, assaisonner de sel et de poivre fraîchement moulu. Verser sur la salade et bien mélanger. Couvrir et laisser 1 heure au réfrigérateur avant de servir.

VALEUR NUTRITIONNELLE PAR PORTION DE 6
Protéines 1,5 g ;
lipides 2,5 g ; glucides 2,5 g ;
fibres 2 g ; cholestérol 0 mg ;
170 kj (40 cal)

Note : cette salade peut se préparer la veille et se conserver au réfrigérateur dans un récipient fermé.

Foie d'agneau au citron (en haut)
et salade d'aubergine

Petite friture

Préparation :
10 minutes
Cuisson :
10 minutes
Pour 6 personnes

500 g de blanchaille
2 cuil. à café de gros sel
40 g de farine
30 g de Maïzena
2 cuil. à café de persil plat,
    finement haché
Huile, pour la friture
1 citron, coupé en
    quartiers, pour servir

1. Mettre le poisson et le sel dans un saladier, bien mélanger. Couvrir et mettre au réfrigérateur.
2. Réunir dans un récipient la farine et la Maïzena tamisées, ainsi que le persil, et assaisonner de poivre fraîchement moulu. Remplir une poêle d'huile au tiers de la hauteur et faire chauffer jusqu'à ce qu'un morceau de pain dore en 15 secondes. Enrober 1/3 des poissons dans la farine, enlever l'excédent et faire frire 1 minute 30, jusqu'à ce que les poissons soient croustillants. Égoutter soigneusement sur du papier absorbant. Procéder de même avec le reste de poisson, en deux fois.
3. Réchauffer l'huile et faire frire à nouveau les poissons 1 minute en trois fois, jusqu'à ce qu'ils soient légèrement dorés. Égoutter sur du papier absorbant et servir chaud avec les morceaux de citron.

VALEUR NUTRITIONNELLE PAR PORTION
Protéines 20 g ; lipides 9 g ; glucides 9,5 g ; fibres 0,5 g ; cholestérol 60 mg ; 795 kj (190 cal)

Calmars frits

Préparation :
30 minutes
+ 30 minutes
de réfrigération
Cuisson :
5 minutes
Pour 4 personnes

480 g de petits calmars
    (environ 18)
30 g de farine
Huile, pour la friture
1/2 citron, coupé en
    quarts, pour servir

1. Pour préparer les calmars, détacher délicatement les tentacules du corps : les entrailles doivent venir avec. Séparer les entrailles des tentacules en coupant au-dessous des yeux et ôter le bec s'il est resté au centre des tentacules. Frotter les corps sous l'eau courante pour retirer facilement la peau. Laver les calmars, puis égoutter soigneusement. Mettre dans un saladier et saler généreusement. Couvrir, laisser 30 minutes au réfrigérateur.
2. Mélanger la farine dans un plat avec une pincée de sel et de poivre du moulin. Verser un tiers d'huile dans une poêle et faire chauffer jusqu'à ce qu'un morceau de pain dore en 15 secondes. Enrober les calmars de farine, puis faire frire 30 à 60 secondes en plusieurs fois, jusqu'à ce qu'ils soient tendres et légèrement dorés. Plonger les tentacules dans la farine et laisser frire 20 à 30 secondes, jusqu'à ce qu'ils soient tendres et légèrement dorés. Couvrir partiellement la poêle pendant la cuisson pour éviter les projections. Égoutter sur du papier absorbant, puis dresser sur un plat de service, saupoudrer de sel et servir chaud avec des quartiers de citron.

VALEUR NUTRITIONNELLE PAR PORTION
Protéines 20 g ; lipides 11 g ; glucides 7,5 g ; fibres 0,5 g ; cholestérol 240 mg ; 905 kj (215 cal)

Note : on trouve les blancs de calmars tout préparés chez les poissonniers et aux rayons poissonnerie.

Petite friture (en haut) et calmars frits

Pour ôter les yeux, couper un morceau de chair à la base de la tête.

Fendre délicatement la tête pour retirer les viscères.

Poulpe au vin rouge

Préparation :
45 minutes
Cuisson :
2 heures 20 minutes
Pour 4 personnes

1 kg de petits poulpes
2 cuil. à soupe d'huile
*   d'olive*
180 g de petits oignons au
*   vinaigre*
80 ml de vinaigre de vin
*   rouge*
185 ml de vin rouge
1 tomate mûre, coupée en
*   deux, pelée et écrasée*
1 feuille de laurier
1 cuil. à café d'origan
*   séché*

1. Pour préparer les poulpes, séparer la tête des tentacules avec un petit couteau pointu. Retirer les yeux en coupant un morceau de chair à la base de la tête. Pour nettoyer la tête, la fendre au milieu et ôter les viscères. Tailler la tête en deux. Sortir le bec du centre des tentacules. Détacher les tentacules par groupes de deux ou quatre, en fonction de la taille des poulpes. Enlever la peau de la tête et des tentacules, si elle vient facilement.

2. Mettre le poulpe dans une cocotte et faire cuire 15 à 20 minutes à feu vif dans son jus, jusqu'à ce qu'il réduise entièrement. Ajouter l'huile, les oignons, et remuer sur le feu pour bien mélanger. Incorporer le vinaigre, le vin, la tomate, le laurier, l'origan, 250 ml d'eau et 1/2 cuil. à café de poivre fraîchement moulu, puis porter à ébullition. Réduire le feu et laisser frémir 1 heure 30 à 2 heures, jusqu'à ce que le poulpe soit tendre. Poursuivre éventuellement la cuisson en ajoutant un peu d'eau. Le fond de cuisson doit napper le poulpe comme une sauce. Se sert chaud, avec du pain.

VALEUR NUTRITIONNELLE PAR PORTION
Protéines 42 g ; lipides 13 g ; glucides 6,5 g ; fibres 1 g ; cholestérol 498 mg ; 1314 kj (315 cal)

Note : choisir de préférence des poulpes petits et jeunes, car ils sont plus tendres.

Variante : le poulpe appartient à la même famille que le calmar et la seiche, qui peuvent éventuellement le remplacer.

Conseil : choisir une tomate bien mûre pour l'écraser plus facilement.

Poulpe au vin rouge

Pousser avec les doigts pour faire sortir le bec au centre des tentacules.

Faire cuire le poulpe à feu vif dans son propre jus jusqu'à réduction.

Croquettes de fromage

Préparation :
10 minutes
Cuisson :
5 minutes
Pour 2 à 3 personnes

250 g de kefalograviera
2 cuil. à soupe de farine
60 ml d'huile d'olive
1/2 cuil. à café d'origan
séché
1/2 citron, coupé en
quarts, pour servir

1. Couper le fromage en tranches de 1 cm d'épaisseur. Peu importe la dimension des morceaux, ils peuvent être redécoupés pour le service.
2. Mettre la farine dans un plat et assaisonner de poivre fraîchement moulu. Enrober le fromage de farine.
3. Chauffer l'huile à feu vif dans une poêle. Faire cuire le fromage 1 minute, jusqu'à ce qu'il soit doré et croustillant. Retourner délicatement le fromage pour qu'il dore de l'autre côté. Dresser sur un plat de service et saupoudrer d'origan. Servir chaud avec des quartiers de citron, en arrosant de quelques gouttes de jus. Accompagner de pain frais.

VALEUR NUTRITIONNELLE PAR
PORTION DE 3
*Protéines 35 g ; lipides 45 g ;
glucides 6 g ; fibres 0,5 g ;
cholestérol 80 mg ; 2 370 kj
(565 cal)*

Poulpe au vinaigre

Préparation :
30 minutes + 1 à 2
jours de réfrigération
Cuisson :
1 heure
Pour 4 à 6 personnes

1 kg de petits poulpes
12 grains de poivre noir
2 feuilles de laurier
1 cuil. à soupe d'origan
frais
2 cuil. à café de thym frais
1 petite gousse d'ail,
finement émincée
250 ml de vinaigre de vin
rouge
350 ml d'huile d'olive

1. Pour préparer les poulpes, séparer la tête des tentacules avec un petit couteau pointu. Enlever les yeux en coupant un morceau de chair à la base de la tête. Fendre délicatement la tête pour ôter les viscères, puis partager en deux. Retirer le bec au centre des tentacules. Détacher les tentacules par deux. Dépouiller la tête et les tentacules de la peau, si elle vient facilement.

2. Mettre dans une casserole le poulpe, les grains de poivre et les feuilles de laurier, couvrir puis laisser mijoter 1 heure dans le jus, à feu doux à moyen, jusqu'à ce que le poulpe soit tendre. Égoutter et laisser refroidir 20 minutes. Réserver les grains de poivre et les feuilles de laurier.
3. Stériliser un bocal en verre de 1 litre en le lavant avec de l'eau bouillante et en le faisant sécher dans le four chaud. Mettre le poulpe, les grains de poivre et les feuilles de laurier dans le bocal. Ajouter les herbes, l'ail, puis verser le vinaigre et suffisamment d'huile pour couvrir entièrement le poulpe. Fermer et secouer doucement le bocal pour mélanger les ingrédients.
4. Laisser 1 à 2 jours au réfrigérateur, en secouant le bocal de temps en temps. Le poulpe se conserve ainsi 5 jours au réfrigérateur. Remettre à température ambiante avant de servir.

VALEUR NUTRITIONNELLE PAR
PORTION DE 6
*Protéines 30 g ; lipides 15 g ;
glucides 0 g ; fibres 0 g ;
cholestérol 330 mg ; 1045 kj
(250 cal)*

---

*Croquettes de fromage (en haut)
et poulpe au vinaigre*

Tartines grecques

Préparation :
  30 minutes + 1 heure
  30 minutes de repos
Cuisson :
  1 heure 30 minutes
Pour environ 45 tartines

7 g de levure en poudre
1 cuil. à café de sucre
185 g de farine ordinaire
225 g de farine complète
1 cuil. à café de cannelle
  en poudre
1 cuil. à soupe 1/2 de
  graines de sésame,
  grillées
125 ml d'huile d'olive

Garniture
4 tomates mûres, coupées
  en dés
160 g de feta, émiettée
80 ml d'huile d'olive
2 cuil. à soupe de vinaigre
  de vin rouge
1 cuil. à café d'origan
  séché

1. Mettre dans un récipient la levure, le sucre, 2 cuil. à soupe de farine ordinaire et 60 ml d'eau chaude. Couvrir de film fraîcheur et poser 10 minutes dans un endroit chaud, jusqu'à ce que le mélange devienne mousseux.
2. Tamiser dans un saladier le reste de farine et la cannelle, incorporer les graines de sésame et 1/2 cuil. à café de sel.

Verser l'huile et la mélanger en soulevant la préparation à la farine sur une main et en la frottant légèrement avec l'autre. Creuser un puits au milieu pour ajouter la préparation à la levure et 60 ml d'eau chaude, suffisamment pour obtenir une pâte onctueuse, mais non collante.
3. Pétrir 2 minutes sur une surface farinée, jusqu'à ce que la pâte soit lisse et élastique. Mettre dans un récipient légèrement huilé, en tournant la pâte pour l'enrober d'huile. Couvrir de film fraîcheur et laisser reposer 45 à 60 minutes dans un endroit chaud, jusqu'à ce que la pâte double de volume.
4. Graisser légèrement une plaque de cuisson. Partager la pâte en trois portions, puis abaisser chacune sur une surface légèrement farinée, en forme de pain de 30 cm de long. Les poser sur la plaque. Tailler des fentes presque jusqu'à la base, à 2 cm d'intervalles, avec un couteau en dents de scie (environ 15 portions).
5. Couvrir avec un torchon et laisser reposer 30 minutes dans un endroit chaud, jusqu'à ce que les pains soient bien levés. Préchauffer le four à 200 °C. Faire cuire 30 minutes, jusqu'à ce

qu'ils soient dorés en dessous et qu'ils sonnent creux lorsqu'on tape dessus. Réduire la température à 120 °C. Laisser refroidir 5 minutes sur la plaque.
6. Poser les pains sur une planche et couper au niveau des entailles. Disposer sur deux plaques de cuisson. Faire cuire 30 minutes au four, jusqu'à ce que le dessus soit sec. Retourner les tartines et poursuivre la cuisson 30 minutes, jusqu'à ce qu'elles soient sèches et croustillantes. Laisser refroidir. Ces tartines se conservent 3 semaines dans un récipient hermétique.
7. Plonger les tartines rapidement dans l'eau froide et poser sur une plaque. Garnir de tomate et de feta. Arroser d'huile et de vinaigre, saupoudrer d'origan et assaisonner.

VALEUR NUTRITIONNELLE PAR TARTINE
*Protéines 1,5 g ;
lipides 5,5 g ; glucides 4 g ;
fibres 0,5 g ; cholestérol
2,5 mg ; 300 kj (70 cal)*

Variante : mélanger 10 olives de Kalamata dénoyautées et coupées en quatre, 1 poivron grillé et émincé, 2 cuil. à soupe de persil plat, haché. Assaisonner. Asperger d'un mélange de 3 cuil. à soupe d'huile d'olive et d'une cuil. à soupe de vinaigre de vin blanc.

Tartines grecques

Tartines grillées à l'haloumi

Préparation :
15 minutes
Cuisson :
10 minutes
Pour 10 portions

1 baguette
250 g d'haloumi (fromage
  de brébis crémeux,
  conservé dans la
  saumure)
3 cuil. à soupe d'huile
  d'olive
1 gousse d'ail, écrasée
1/2 cuil. à café de menthe
  fraîche, finement ciselée

1. Détailler la baguette diagonalement en morceaux de 1,5 cm d'épaisseur. Couper dans l'haloumi le même nombre de tranches de 3 à 5 mm d'épaisseur, de taille identique.
2. Faire chauffer la plaque du barbecue légèrement huilée. Faire dorer le pain des deux côtés, puis dresser sur un plat de service. Humecter avec 1 cuil. à soupe d'huile d'olive.
3. Badigeonner l'haloumi avec 1 cuil. à soupe d'huile d'olive, frotter avec l'ail, puis faire griller 1 minute, jusqu'à ce qu'il soit mou et doré des deux côtés. Poser sur le pain, arroser avec le reste d'huile, saupoudrer de menthe et de poivre. Servir chaud.

VALEUR NUTRITIONNELLE PAR PORTION
*Protéines 6,5 g ;
lipides 10 g ; glucides 7,5 g ;
fibres 0,5 g ; cholestérol
13 mg ; 620 kj (150 cal).*

Ragoût aux haricots de Lima

Préparation :
20 minutes
+ 1 nuit de trempage
Cuisson :
2 heures
Pour 6 à 8 personnes

185 g de haricots de Lima
  secs
60 ml d'huile d'olive
1 gros oignon, coupé en
  deux et émincé
1 gousse d'ail, hachée
1 petite carotte, coupée en
  petits morceaux
1 petite branche de céleri,
  coupée en morceaux
400 g de tomates
  concassées en conserve
1 cuil. à soupe de
  concentré de tomates
2 cuil. à café d'aneth frais,
  ciselé

1. Couvrir les haricots d'eau froide et les laisser tremper une nuit. Égoutter soigneusement.
2. Porter à ébullition une grande casserole d'eau, jeter les haricots dedans et faire bouillir de nouveau. Réduire à feu moyen, puis laisser cuire 45 à 60 minutes, en couvrant partiellement, jusqu'à ce que les haricots soient assez tendres. Égoutter. Préchauffer le four à 180 °C (thermostat 4).
3. Faire chauffer l'huile à feu moyen dans une cocotte à fond épais de 2,5 litres. Ajouter l'oignon, l'ail, la carotte, le céleri, faire revenir 5 minutes, jusqu'à ce que l'oignon soit translucide. Incorporer les tomates, le concentré de tomates et 125 ml d'eau. Porter à ébullition, puis laisser frémir 3 minutes à feu doux.
4. Ajouter les haricots et l'aneth, assaisonner de sel et poivre fraîchement moulu. Porter à ébullition et poursuivre la cuisson 50 minutes dans le four, sans couvrir, jusqu'à ce que la préparation soit épaisse et les haricots tendres. Servir chaud ou à température ambiante.

VALEUR NUTRITIONNELLE PAR PORTION
*Protéines 6 g ; lipides 7,5 g ;
glucides 10 g ; fibres 5,5 g ;
cholestérol 0 mg ; 590 kj
(140 cal).*

Note : ce ragoût de haricots se conserve 3 jours au réfrigérateur. Remettre à température ambiante avant de servir.

*Tartines grillées à l'haloumi (en haut)
et ragoût aux haricots de Lima*

Sauces et pâtes à tartiner

Un plateau de mezze serait incomplet sans l'une de ces délicieuses spécialités qui ont fait la réputation de la cuisine méditerranéenne.

TARAMA

Enlever la croûte à 4 tranches de pain de mie. Les faire tremper dans de l'eau, égoutter et extraire le maximum d'eau, puis mettre dans un saladier moyen. Râper finement un petit oignon dans le récipient, puis ajouter 100 g d'œufs de cabillaud, 2 cuil. à soupe de jus de citron fraîchement pressé, 3 cuil. à soupe d'huile d'olive et une pincée de poivre noir. Mélanger jusqu'à obtention d'une préparation homogène qui se conserve 3 jours au réfrigérateur dans un récipient hermétiquement fermé. Pour 250 ml.

PÂTE DE FETA

Mettre dans un récipient 100 g de ricotta, 175 g de feta, 3 cuil. à soupe d'huile d'olive, 3 cuil. à café de menthe fraîche, finement ciselée, et 1/4 de cuil. à café de poivre noir fraîchement moulu. Mélanger avec une fourchette en écrasant le fromage, tout en lui conservant une texture grumeleuse. Se conserve 3 jours au réfrigérateur, dans un récipient hermétiquement fermé. Pour 250 ml.

CAVIAR D'AUBERGINE

Faire quatre petites incisions dans une grosse aubergine (500 g), puis faire griller 15 à 20 minutes sous le gril ou au barbecue, en retournant l'aubergine jusqu'à ce que la peau noircisse et que la chair soit tendre. Égoutter dans une passoire. Laisser refroidir, peler, hacher grossièrement la chair et mettre dans un robot avec 1 cuil. à soupe 1/2 de jus de citron fraîchement pressé, 1 cuil. à soupe 1/2 d'huile d'olive, 2 cuil. à soupe de tahina, 2 gousses d'ail écrasées, 1/2 cuil. à café de cumin en poudre, une bonne pincée de sel et de poivre noir. Mixer en une préparation homogène ; transférer dans un récipient, puis incorporer 7 g de persil plat, ciselé. Cette préparation se conserve 3 jours au réfrigérateur dans un récipient fermé. Pour 250 ml.

HOUMOUS

Faire tremper 125 g de pois chiches secs une nuit dans une grande quantité d'eau. Égoutter, puis faire cuire 1 heure à feu moyen dans de l'eau, jusqu'à ce qu'ils soient tendres. Égoutter, puis cuire 1 minute à feu vif avec 1 cuil. à soupe d'huile d'olive, 1 petit oignon finement haché, 1 cuil. à café 1/2 de cumin en poudre, une pincée de poivre de cayenne, pour que la préparation s'imprègne des différents parfums. Mettre dans un robot et incorporer 2 cuil. à soupe de jus de citron fraîchement pressé, 125 ml d'huile d'olive et 3 gousses d'ail écrasées. Saler et mixer jusqu'à obtention d'une pâte homogène. Servir tel quel ou allongé d'eau pour obtenir une consistance moins épaisse. Se conserve 5 jours au réfrigérateur dans un récipient hermétiquement fermé. Pour 500 ml.

PÂTE AUX POIVRONS ROUGES ET AUX NOIX

Couper 2 poivrons rouges en quatre et épépiner. Poser sous le gril préchauffé, la peau sur le dessus, et laisser cuire jusqu'à ce qu'elle se boursoufle. Peler. Faire revenir 1 cuil. à soupe d'huile d'olive avec 1 oignon haché et 1 gousse d'ail écrasée, jusqu'à ce qu'ils soient tendres. Incorporer 1/2 cuil. à café de piments séchés en flocons. Ajouter 60 g de noix finement broyées, les poivrons, la préparation à l'oignon, 3 cuil. à soupe d'huile d'olive, 2 cuil. à café de vinaigre de vin rouge et 1/4 de cuil. à café de sel. Mixer jusqu'à obtention d'un mélange fin et homogène qui se conserve 5 jours au réfrigérateur, dans un récipient hermétiquement fermé. Pour 250 ml.

TZATZIKI

Râper grossièrement dans un récipient un petit concombre non pelé. Ajouter 250 ml de yaourt grec, 2 gousses d'ail écrasées, 1 cuil. à soupe de vinaigre de vin rouge, 1 cuil. à soupe d'huile d'olive, 1/4 de cuil. à café de sel et 1/2 cuil. à café de poivre fraîchement moulu. Bien mélanger. Se conserve 3 jours au réfrigérateur dans un récipient hermétiquement fermé. Pour 375 ml.

Page de gauche, de haut en bas : tarama ; pâte de feta ; caviar d'aubergine. Ci-contre, de haut à en bas : houmous ; pâte aux poivrons rouges et aux noix ; tzatziki.

Chou-fleur au vinaigre

Préparation :
10 minutes
Cuisson :
10 minutes
Pour 4 à 6 personnes

500 ml de vinaigre de vin
  blanc
1 cuil. à soupe de graines
  de moutarde
1/2 cuil. à café de graines
  de cumin
3 feuilles de laurier
185 g de sucre en poudre
400 g de chou-fleur,
  détaillé en fleurettes

1. Réunir dans une casserole le vinaigre, les graines de moutarde et de cumin, les feuilles de laurier et le sucre. Mélanger à feu moyen jusqu'à dissolution du sucre. Porter à ébullition, puis réduire le feu et ajouter le chou-fleur. Laisser frémir 4 minutes, jusqu'à ce qu'il soit cuit, mais resté ferme.
2. Retirer du feu et laisser le chou-fleur refroidir dans son jus.

VALEUR NUTRITIONNELLE PAR PORTION DE 6
Protéines 1,5 g ; lipides 0 g ; glucides 30 g ; fibres 1 g ; cholestérol 0 mg ; 600 kj (145 cal)

Note : pour conserver la préparation, rincer un bocal en verre, muni d'un couvercle, avec de l'eau bouillante, et laisser sécher dans le four chaud. Mettre le jus chaud et le chou-fleur dans le bocal, fermer aussitôt. Se conserve 3 mois sans ouvrir le bocal.

Calmars farcis au risotto safrané

Préparation :
40 minutes
+ 20 minutes de
  refroidissement
Cuisson :
20 minutes
Pour 16 calmars

60 ml de vin blanc sec
500 ml de bouillon de
  légumes
1/2 bulbe de fenouil
1 blanc de poireau
25 g de beurre
1 cuil. à soupe d'huile
220 g de riz arborio
1 pincée de safran en
  poudre
16 poches de petits
  calmars (environ 35 g)
3 citrons, en rondelles

1. Mettre le vin et le bouillon dans une casserole, puis laisser frémir à feu moyen.
2. Émincer finement le fenouil et le poireau, mettre dans une casserole avec le beurre et l'huile. Faire revenir 4 minutes à feu moyen, jusqu'à ce que les légumes soient tendres. Ajouter le riz et remuer 1 minute. Verser peu à peu le bouillon chaud, louche par louche, sans cesser de tourner, jusqu'à ce que tout le liquide soit absorbé avant d'en rajouter. Lorsque le riz est tendre, assaisonner de safran, de sel et de poivre fraîchement moulu. Étaler le risotto sur une plaque de cuisson, laisser tiédir.
3. Farcir chaque calmar avec 2 cuil. à café de risotto. Ne pas trop remplir pour éviter que les calmars éclatent pendant la cuisson. Fermer les extrémités avec un cure-dent. Préchauffer le four à 180 °C.
4. Recouvrir une plaque de cuisson de papier aluminium, étaler les rondelles de citron et poser dessus les calmars. Couvrir et faire cuire 20 minutes au four, jusqu'à ce qu'ils soient tendres, en les retournant une fois. Ne pas verser la sauce sur les calmars, car elle est trop amère. Jeter le citron et le jus après cuisson. Servir les calmars entiers ou coupés en anneaux.

VALEUR NUTRITIONNELLE PAR PORTION
Protéines 1,5 g ; lipides 2,5 g ; glucides 12 g ; fibres 1 g ; cholestérol 8,5 mg ; 340 kj (80 cal)

*Chou-fleur au vinaigre (en haut)
et calmars farcis au risotto safrané*

Artichauts braisés

Préparation :
15 minutes
Cuisson :
10 minutes
Pour 4 personnes

2 boîtes de 400 g de cœurs
d'artichauts, égouttés
10 lanières de zeste de
citron confit
125 ml d'huile d'olive
125 ml d'huile végétale
125 ml de vinaigre de
xérès
1 cuil. à soupe de feuilles
de thym-citron

1. Mettre les artichauts, le zeste, les deux huiles, le vinaigre et le thym dans une casserole munie d'un couvercle. Couvrir et laisser frémir doucement 10 minutes. Retirer du feu et laisser les artichauts refroidir dans le liquide.
2. Servir tels, chauds ou froids, ou pour accompagner des morceaux d'agneau grillé.

VALEUR NUTRITIONNELLE PAR PORTION
Protéines 4 g ; lipides 15 g ; glucides 3 g ; fibres 6 g ; cholestérol 0 mg ; 680 kj (162 cal)

Notes : pour conserver les artichauts, stériliser un bocal en le rinçant à l'eau bouillante, puis en le faisant sécher dans le four chaud. Mettre les artichauts et le jus dans le bocal encore chaud. Ces artichauts se conservent 3 mois avant l'ouverture du bocal.
Les citrons confits sont des citrons frais conservés dans du sel ; ils sont en vente chez certains traiteurs et dans les épiceries orientales.

Salade de moules au safran

Préparation :
40 minutes
Cuisson :
30 minutes
Pour 4 à 6 personnes

250 g de pommes de terre,
non pelées
20 moules
80 ml de vin blanc sec
1 petit oignon, émincé
2 branches de thym frais
2 feuilles de laurier
1 pincée de safran en
poudre
2 cuil. à soupe de crème
fraîche
1 cuil. à café de persil
frais, haché

1. Plonger les pommes de terre dans une casserole d'eau froide, légèrement salée. Porter à ébullition, puis réduire et faire mijoter 20 minutes, jusqu'à ce qu'elles soient tendres. Égoutter, laisser refroidir.
2. Retirer la barbe des moules et gratter les coquilles. Jeter les moules qui restent ouvertes. Mettre le vin, l'oignon, le thym, le laurier et la moitié des moules dans une cocotte munie d'un couvercle hermétique. Couvrir et faire cuire 4 minutes à feu vif, en remuant une fois, jusqu'à ce que les moules commencent à s'ouvrir. Sortir les moules de la cocotte à mesure qu'elles s'ouvrent, en prenant soin de jeter celles qui restent fermées. Cuire le reste des moules de la même manière, puis laisser refroidir.
3. Filtrer le liquide de cuisson, en réserver 60 ml. Pendant qu'il est encore chaud, ajouter le safran. Mélanger la crème fraîche, assaisonner de sel et de poivre fraîchement moulu.
4. Couper les pommes de terre en rondelles de 2 cm d'épaisseur. Sortir les moules de leur coquille. Dresser les rondelles de pommes de terre et les moules sur un plat de service, puis napper de sauce au safran. Saupoudrer de persil haché et servir aussitôt.

VALEUR NUTRITIONNELLE PAR PORTION
Protéines 1,5 g ; lipides 4,5 g ; glucides 6,5 g ; fibres 1 g ; cholestérol 8,5 mg ; 645 kj (153 cal)

Artichauts braisés (en haut) et salade de moules au safran

Salade de poisson à l'orange

Préparation :
30 minutes
Cuisson :
5 minutes
Pour 4 personnes

500 g de poisson blanc,
ferme, en tranches
2 cuil. à soupe de vinaigre
de xérès
1 cuil. à soupe de jus
d'orange
1 cuil. à soupe d'huile
d'olive
2 oranges
1/2 bulbe de fenouil,
finement émincé
80 g d'olives noires,
marinées

1. Retirer la peau et les arêtes du poisson. Compter environ 250 g de chair, détaillée en gros morceaux (d'environ 5 cm).
2. Pour préparer l'assaisonnement au vinaigre, mélanger le vinaigre, le jus d'orange, l'huile d'olive, saler et poivrer.
3. Faire frémir dans une casserole de l'eau légèrement salée et y plonger le poisson. Laisser pocher 5 minutes. Retirer le poisson avec une écumoire, puis couper en petits morceaux, pendant qu'il est encore chaud. Mettre dans l'assaisonnement au vinaigre et laisser refroidir.
4. Retirer le zeste ainsi que la peau blanche des oranges. Couper les membranes pour dégager les morceaux.
5. Mélanger dans un récipient le fenouil, les olives et les quarts d'oranges, puis répartir le poisson et la sauce par-dessus. Assaisonner de sel et de poivre fraîchement moulu. Servir à température ambiante.

VALEUR NUTRITIONNELLE PAR PORTION
Protéines 25 g ;
lipides 4,3 g ; glucides 6 g ;
fibres 2 g ; cholestérol
90 mg ; 730 kj (175 cal)

Souvlakia

Préparation :
20 minutes + 1 heure
de trempage + 1 heure
de réfrigération
Cuisson :
10 minutes
Pour 4 à 6 personnes

1 kg de filet de porc
1 cuil. à soupe d'origan
séché
125 ml de jus de citron
2 gousses d'ail, écrasées
1 cuil. à soupe de jus de
citron, en supplément
1 cuil. à soupe d'huile
d'olive

1. Faire tremper dans l'eau, pendant 1 heure, douze brochettes en bois de 15 cm de long, pour éviter qu'elles brûlent pendant la cuisson.
2. Couper la viande en cubes de 2 cm. Mettre dans un récipient l'origan, le jus de citron, l'ail et 1/2 cuil. à café de poivre fraîchement moulu. Ajouter le porc, en remuant pour bien l'enrober de préparation, puis couvrir et laisser 1 heure au réfrigérateur. Mélanger dans un récipient le supplément de jus de citron avec l'huile, 1/2 cuil. à café de sel et 1/2 cuil. à café de poivre fraîchement moulu, en fouettant bien.
3. Enfiler les morceaux de viande sur les brochettes.
4. Chauffer la plaque du barbecue légèrement huilée ou le gril, au maximum. Faire cuire les souvlakia 8 à 10 minutes, en les retournant une fois. Dresser sur un plat de service et arroser de préparation au citron. Servir chaud, avec du tzatziki (voir p. 49).

VALEUR NUTRITIONNELLE PAR BROCHETTE
Protéines 40 g ; lipides 6 g ;
glucides 0,5 g ; fibres 0 g ;
cholestérol 80 mg ; 885 kj
(210 cal)

Note : pour que le porc s'imprègne davantage des parfums, laisser mariner plusieurs heures.

Salade de poisson à l'orange (en haut) et souvlakia

Couper le lard et les champignons en
petits cubes.

Faire cuire le lard et les champignons,
puis assaisonner généreusement.

Borek aux champignons

Préparation :
40 minutes
+ réfrigération
Cuisson :
30 minutes, en plusieurs fois
Pour 24 borek

4 tranches de lard fumé
250 g de champignons
1 cuil. à soupe d'huile d'olive
1 oignon, haché
1/4 de cuil. à café de paprika
6 feuilles de pâte feuilletée, prête à étaler

1. Couper le lard et les champignons en dés de 0,5 cm. Chauffer l'huile d'olive à feu moyen dans une poêle antiadhésive, ajouter l'oignon et le paprika. Faire revenir l'oignon 3 minutes, sans laisser dorer. Ajouter le lard et faire cuire 3 minutes. Incorporer les champignons et poursuivre la cuisson 5 minutes, jusqu'à ce que tous les ingrédients soient tendres. Assaisonner de sel et de poivre fraîchement moulu, puis mettre la préparation dans un récipient. Réserver et laisser refroidir complètement.

2. Découper quatre cercles dans chaque feuille de pâte, avec un emporte-pièce de 10 cm de diamètre. Mettre la pâte au réfrigérateur afin de faciliter sa manipulation. Préchauffer le four à 200 °C (thermostat 6).

3. Déposer au centre de chaque cercle de pâte 1 cuil. à soupe de préparation au lard et aux champignons. Replier la pâte par-dessus en formant quatre côtés. Pour fermer le borek, souder les bords avec les doigts humides. Procéder de même avec le reste de pâte et de garniture.

4. Faire cuire les borek 20 à 30 minutes sur une plaque recouverte de papier sulfurisé, jusqu'à ce que la pâte soit dorée. Servir les borek chauds ou tièdes.

VALEUR NUTRITIONNELLE PAR BOREK
*Protéines 5,5 g ;
lipides 10 g ; glucides 15 g ;
fibres 1 g ; cholestérol
18 mg ; 760 kj (180 cal)*

Note : les borek, d'origine turque, se consomment également au Moyen-Orient et en Europe de l'Est. La garniture peut être à base de viande, d'épinards, de fromage. Il existe également des variations de forme : triangulaire, carrée, ronde. La pâte feuilletée peut être remplacée par de la pâte brisée, filo, ou au levain.

Borek aux champignons

Déposer la préparation au centre de chaque cercle de pâte.

Replier la pâte en formant quatre côtés, pincer les bords pour les souder.

Bœuf à la cannelle en feuilles de chou

Préparation :
1 heure
Cuisson :
20 minutes
Pour 8 portions

1 cuil. à soupe d'huile
2 oignons, hachés
400 g de bœuf haché
1/4 cuil. à café de noix
muscade râpée
1 cuil. à café de cannelle
en poudre
50 g de pignons de pin,
légèrement grillés
1 cuil. à soupe de persil
frais, haché
1 cuil. à soupe de menthe
fraîche, ciselée
8 grandes feuilles de chou

1. Faire revenir les oignons dans l'huile chaude, dans une poêle antiadhésive. Ajouter le bœuf, la noix muscade, la cannelle et les pignons de pin. Assaisonner de sel et de poivre fraîchement moulu. Faire cuire 5 minutes, puis laisser refroidir dans un récipient. Mélanger avec le persil et la menthe.
2. Porter à ébullition de l'eau salée dans une grande casserole. Ébouillanter les feuilles de chou 2 minutes en plusieurs fois, jusqu'à ce qu'elles soient tendres, puis rincer sous l'eau froide. Couper les tiges épaisses avec des ciseaux.

3. Déposer des cuil. à soupe de préparation sur chaque feuille et les enrouler, en rentrant les côtés pour enfermer complètement la garniture. Réchauffer 10 minutes dans un récipient à vapeur ou au-dessus d'une casserole d'eau frémissante. Servir chaud ou froid.

VALEUR NUTRITIONNELLE PAR PORTION
Protéines 12 g ; lipides 12 g ; glucides 2 g ; fibres 1,5 g ; cholestérol 30 mg ; 685 kj (165 cal)

Gazpacho blanc

Préparation :
45 minutes + 1 nuit de réfrigération
Cuisson :
2 minutes
Pour 4 personnes

125 ml de bouillon de
volaille
1 tranche de mie de pain,
sans la croûte, coupée en
dés
300 g de gros raisin vert
95 g d'amandes en poudre
1 gousse d'ail, écrasée
80 ml d'huile d'olive
1 cuil. à soupe 1/2 de
verjus (extrait de raisin
verts) ou de jus de citron
Raisin vert, sans la peau,
pour décorer

1. Faire chauffer le bouillon de volaille dans une petite casserole et ajouter les morceaux de pain. Écraser le pain dans le bouillon avec une fourchette, jusqu'à ce que tout le liquide soit absorbé et que le pain devienne mou. Laisser refroidir.
2. Mixer le raisin dans un robot, puis filtrer pour ôter la peau et les graines. Mettre les amandes, l'ail et le pain dans le mixeur propre. Incorporer peu à peu la purée de raisin et l'huile d'olive, puis assaisonner. Filtrer éventuellement dans une passoire fine pour obtenir une texture plus onctueuse. Ajouter le verjus ou le jus de citron pour rehausser la soupe.
3. Mettre la soupe au réfrigérateur et servir froid avec des grains de raisin vert coupés en garniture. Si elle est trop épaisse, allonger la soupe avec un peu de bouillon de volaille. Laisser de préférence une nuit entière au réfrigérateur et servir par petites portions, car cette soupe est très riche.

VALEUR NUTRITIONNELLE PAR PORTION
Protéines 6 g ; lipides 35 g ; glucides 15 g ; fibres 3 g ; cholestérol 0 mg ; 1580 kj (375 cal)

Bœuf à la cannelle en feuilles de chou (en haut) et gazpacho blanc

Brochettes de thon aux câpres

Préparation :
20 minutes + 1 heure de trempage + 30 minutes de macération
Cuisson :
10 minutes
Pour 8 portions

250 g de thon cru
1/2 citron
1 cuil. à soupe de jus de citron
1 cuil. à soupe d'huile d'olive
16 grandes câpres
8 olives vertes, fourrées de filet d'anchois

1. Laisser tremper les brochettes en bois 1 heure dans l'eau pour éviter qu'elles brûlent pendant la cuisson. Couper le thon en 24 cubes de taille égale. Retirer le zeste du citron, en laissant la peau blanche, puis couper en fines lanières. Mettre dans un récipient le thon, l'huile, le zeste et le jus de citron.
2. Enfiler sur chaque brochette 3 morceaux de thon, 2 câpres et 1 olive, en alternant les ingrédients.
3. Poser les brochettes sur un plat (d'un autre matériau que le métal) et arroser de marinade au citron. Couvrir et laisser

30 minutes au réfrigérateur.
4. Faire cuire les brochettes 4 minutes sous le gril préchauffé, 1 minute de chaque côté (les morceaux de thon ont quatre côtés). Ne pas trop cuire pour éviter que le thon se dessèche. Servir chaud.

VALEUR NUTRITIONNELLE PAR BROCHETTE
Protéines 3 g ; lipides 5 g ; glucides 35 g ; fibres 0,5 g ; cholestérol 0 mg ; 305 kj (73 cal)

Feuilletés au fromage

Préparation :
40 minutes
Cuisson :
20 minutes
Pour 16 feuilletés

160 g de feta, émiettée
60 g de ricotta
2 cuil. à soupe de menthe fraîche, ciselée
1 œuf, légèrement battu
2 oignons nouveaux, finement hachés
2 cuil. à soupe de chapelure
4 feuilles de pâte feuilletée, prête à étaler
1 œuf supplémentaire, légèrement battu
1 cuil. à soupe de graines de sésame

1. Préchauffer le four à 220 °C (thermostat 7). Graisser légèrement deux plaques de cuisson.
2. Mettre dans un récipient la feta, la ricotta, la menthe, l'œuf battu, l'oignon, la chapelure et 1/2 cuil. à café de poivre fraîchement moulu. Mélanger avec une fourchette, en écrasant la ricotta.
3. Découper des cercles dans la pâte avec un emporte-pièce de 10 cm de diamètre. Déposer des cuil. à soupe rases de préparation au centre de chaque cercle et mouiller légèrement les bords. Replier la pâte sur la garniture, en chassant l'air, puis fermer en forme de demi-cercle en appuyant avec les dents d'une fourchette. Badigeonner d'œuf et parsemer de graines de sésame.
4. Mettre les feuilletés sur les plaques et faire cuire 15 à 20 minutes au four, jusqu'à ce que la pâte soit dorée et levée. Servir chaud.

VALEUR NUTRITIONNELLE PAR FEUILLETÉ
Protéines 5,5 g ; lipides 15 g ; glucides 15 g ; fibres 0,5 g ; cholestérol 40 mg ; 870 kj (205 cal)

Note : ces feuilletés peuvent se préparer 2 jours à l'avance jusqu'à la fin de l'étape 3 et se conserver, couverts, au réfrigérateur.

Brochettes de thon aux câpres (en haut) et feuilletés au fromage

Ragoût aux haricots verts

Préparation :
  25 minutes
Cuisson :
  35 minutes
Pour 6 personnes

500 g de haricots verts
60 ml d'huile d'olive
2 oignons, hachés
1 gousse d'ail, hachée
3 tomates, coupées en dés
1 cuil. à soupe de
  concentré de tomates
125 ml de coulis de
  tomates
2 cuil. à soupe de persil
  plat, ciselé
1/4 de cuil. à café de sucre

1. Éplucher les haricots, puis les couper en deux.
2. Faire revenir l'oignon et l'ail 5 minutes dans l'huile chaude, à feu doux, jusqu'à ce qu'ils soient tendres. Ajouter les tomates, le concentré et le coulis de tomates, et laisser mijoter 5 minutes à feu moyen.
3. Incorporer les haricots, le persil et le sucre. Saler et poivrer. Remuer pour bien enrober les haricots, couvrir puis poursuivre la cuisson 25 minutes à feu doux, jusqu'à ce que les haricots soient tendres, en remuant 3 ou 4 fois. Servir chaud ou à température ambiante.

VALEUR NUTRITIONNELLE PAR PERSONNE
Protéines 3,5 g ; lipides 10 g ; glucides 7 g ; fibres 4 g ; cholestérol 0 mg ; 545 kj (130 cal).

Tomates farcies au riz

Préparation :
  40 minutes
Cuisson :
  50 minutes
Pour 8 personnes

8 tomates moyennes
110 g de riz à grains ronds
2 cuil. à soupe d'huile
  d'olive
1 oignon rouge, haché
1 gousse d'ail, écrasée
1 cuil. à café de feuilles
  d'origan séchées
40 g de pignons de pin
35 g de raisins de
  Corinthe
30 g de basilic frais, ciselé
2 cuil. à soupe de persil
  frais, ciselé
1 cuil. à soupe d'aneth
  frais, ciselé
Huile d'olive, pour arroser
  les tomates

1. Graisser légèrement un grand plat à four. Préchauffer le four à 160 °C (thermostat 2-3). Couper le dessus de chaque tomate et réserver les chapeaux. Vider la chair dans un saladier, égoutter dans une passoire, puis écraser. Réserver le jus et la chair dans des récipients séparés. Égoutter les tomates vides sur une grille.
2. Faire cuire le riz 10 à 12 minutes dans une casserole d'eau bouillante, légèrement salée, jusqu'à ce qu'il soit tendre. Égoutter, laisser refroidir.
3. Faire revenir l'ail, l'oignon et l'origan 8 minutes dans l'huile chaude, jusqu'à ce que l'oignon soit tendre. Ajouter les pignons, les raisins secs, et poursuivre la cuisson 5 minutes, en remuant souvent. Mélanger avec le basilic, le persil et l'aneth hors du feu, puis assaisonner.
4. Incorporer la préparation à l'oignon et la chair de tomate dans le riz, en mélangeant bien. Remplir les tomates de préparation en laissant dépasser du bord. Verser 1 cuil. à soupe de jus de tomate sur chaque tomate, puis couvrir avec les chapeaux.
5. Arroser légèrement les tomates d'huile d'olive. Dresser sur un plat à four. Faire cuire 20 à 30 minutes.

VALEUR NUTRITIONNELLE PAR TOMATE
Protéines 3 g ; lipides 10 g ; glucides 15 g ; fibres 2,5 g ; cholestérol 0 mg ; 695 kj (165 cal).

Ragoût de haricots verts (en haut) et tomates farcies au riz

Index